This Book Belongs To

Name: _______________

Family name: _______________

Age: _______________

Puzzle 1

8		2	1	4	7	5	3	9
3			8	5	9		1	2
9	1	5		6	3	4	7	8
4	9		3		1	8		7
5	2	1	4	7	8	3	9	6
7	3	8	5	9	6	2	4	1
6	8	4	9	1	5		2	
1		3	7	8	2	9	6	4
	7	9	6	3	4	1		5

Puzzle 2

7	9	6	3	1	5	4	8	2
		8	6		2	1	5	7
1		5	4	7		3	9	6
9	8	4	2	5	1	7	6	3
5	1	3	8	6	7	9	2	4
				3	4	8	1	5
3		9	5	8		2	4	1
8	5	2	1	4	3	6	7	9
6	4	1	7	2	9		3	8

Puzzle 3

5	9	2	4	8	6	1		3
6	3	1	9		2		8	5
7		8	1			6	2	9
	2	6	5	9	7	3	4	8
4	8	3	6	2	1	5	9	
9	7	5	3	4		2		6
2	5	7	8	6	4	9	3	
3	6	4	7	1	9		5	2
8	1	9	2	5	3	7	6	4

Puzzle 4

1	8	3		7	6		5	4
2	9	4	1	8		3	6	7
6	7		3	9	4	8	1	
	1	2	8	5	9	4	3	6
3	5	9	6	4	1	2	7	8
8	4	6	7		3	5	9	
9		7	4	6		1	2	5
4	6	1	5		2	7		9
5		8	9	1	7	6	4	3

Puzzle 5

	9	2	8	1	4	5		6
4	8	5	6	3	9	2	1	7
1	3	6	5	2	7	8	9	4
5	2	8	1	4	6	9	7	
9	4	1	2	7	3	6	8	5
	7	3	9	8	5	1		2
2			4	9	8	3	6	1
8	6	4	3	5	1	7	2	9
3	1	9		6	2		5	8

Puzzle 6

6	8	7				4	3	9
	5	4	8	3	9	6	2	7
2	3	9	4	7	6	8		5
5	6	8	7	1		3		2
9	7	3	6	2	5	1	4	8
4	2	1	9		3		7	6
3	1	2		9	8			4
7	4	5		6	2	9	8	1
8	9	6	1	4	7	2	5	3

Puzzle 7

6	9		7	8	5	3	2	4
3	8	2	9		4	5	7	6
7	5	4	3	2	6	1	8	
4	7	6	5	3	2	9	1	8
9	3	5	8	6	1	7	4	
		8	4	7	9	6	5	
8	1	9	6	4		2	3	5
5	4		2	9	3	8	6	1
	6		1		8	4	9	7

Puzzle 8

1	7	6	8		9	2	4	5
5	8		7	4	6	1		3
4	3	9	2	1	5	6	7	8
7	5		1	6	4	3	2	9
6			5	2		8	1	4
2	4		9	8	3	5	6	7
8	2	7		5	1	9	3	6
9	6	5	3	7	2	4	8	1
	1	4	6		8	7	5	2

Puzzle 9

4	7	1	2	9	5	3	6	8
6	3	9			8	7	2	
	2	8	7	6	3	1	4	9
2	8	5	9	7	4	6		
3	9	4	6	8	1	5	7	2
7	1	6	3	5			9	4
1	4	7		3	9		8	6
8	6	2	1	4	7	9	5	
9	5	3			6	4	1	7

Puzzle 10

6	4	2	3	9	8		5	1
9	5	8	2	1	7	6	4	3
1	7	3	5	4	6	2	9	
4	9	5	1	7	3	8	6	
7	3		8	2	5	4		
8	2	1	4	6	9		7	5
2	1	7	9	3	4	5	8	
5	6		7	8		1	3	4
3	8	4	6	5	1	9	2	

Puzzle 11

5		6	7	1	9	2	8	
2	7	3	4		8	9		1
	8	1	3	2		4	7	
6	3	4	5	7	2	8	1	9
1	2	8	9	3	4	7	5	6
	5	9		6	1	3	2	4
3	1	2	6	9	7	5	4	8
	6	5	2	8		1	9	7
8	9		1	4	5	6	3	2

Puzzle 12

9		3	7	1	4	6	8	2
8	1	4	5	6			9	3
6	2	7	9	3	8	1		5
1		6	2	5	9	8	7	4
2	8		6	4	7	5	3	1
4	7	5	3	8	1	9	2	6
7	9	1	4	2	5	3	6	8
5		2	8		3	4	1	9
3		8	1	9		2	5	7

Puzzle 13

9	2	8	4	5	3	1	6	7
3	1	7	6	9		8	5	4
4	5	6	1	8	7	2		3
	8	2	7	3	9	6		5
5	7	3	8	6	4		2	1
	9	4	2		5	3	7	8
8	6	5	9	7	1	4	3	2
2		1	5		6	7	8	9
7	4	9	3	2	8	5	1	6

Puzzle 14

	8	4	1		7	6	2	5
3	6	5	8	9	2	1		4
1	2	7	6	5	4	8	3	9
6		3	5	8	1	2	4	7
4	7	1	2	6		5	9	8
8		2	7	4	9	3	1	6
7	4	6		1		9	8	2
5	1	9	4	2	8	7	6	3
2		8	9	7	6	4	5	1

Puzzle 15

4		7	3	8	9	1	5	2
8	3	9	1	2	5			6
1	5	2	4	7	6	3	8	9
9	4		5		7	8		1
2	7	5	8	4	1	6	9	3
	8	1		9	2	7	4	5
5		4	2	6	8	9	3	7
6	9	8	7	5	3	2	1	
7	2	3		1		5	6	8

Puzzle 16

8	3	5	7	4	2	1	6	9
4	9	6	1	3		2		5
	7	1	9	5	6	3	4	8
3	5	9	6	1		4	8	2
6	4	7	2	8	3	5	9	
	8	2	5	9		6		7
9	2	8		6	5	7	1	4
5	1		4	7	9	8	2	6
7	6	4		2	1	9	5	3

Puzzle 17

3	9		1	4	5	8	7	6
4	8	6	2	7	9	5	3	1
5	7	1	6	8	3	4	2	9
	4	9		3	1	7	5	2
2	1		7	5	4			8
7	5	8		6	2	1	4	
	3	7	4	9	6	2	1	5
1	6	5		2	7	9		4
9		4	5	1	8	3	6	7

Puzzle 18

3	7	2	8	1	9	5		6
	5	9		3	6	2		1
6	1	4	5	7	2	8	9	
7		1	9	8	5	4	3	2
4	8	3	7		1	6	5	9
9	2	5	6		3	1	8	7
5	9	8	2	6	7	3	1	4
	4	6	3	9	8	7		5
	3	7	1	5	4		6	8

Puzzle 19

1	7	9	6	5		8	4	3
	8	4	7	1	3	5	6	9
6	5	3	4	9			1	2
3	6	1	2	7	9		8	5
9	4	7	8	6	5	2	3	1
5	2		1	3	4	6	9	7
7	1	2		4	6	3	5	8
8	3	6		2	1	9	7	
4	9	5	3	8	7	1	2	

Puzzle 20

3	8	9	6	2			4	5
	1	5	9	4	7	8	3	2
7		4	8		3	1	6	9
9	6	2	7	8	4	3	5	1
8	5	3	1	9	6	4	2	7
4	7	1	2	3		6		8
5	9	6	3		8	2	1	4
2	3	8		1	9	5	7	6
1	4	7	5	6		9	8	3

Puzzle 21

9	1		7	8	3			4
8	7	2	1	4	5	9		6
3	5	4	2	6	9	7	8	1
6	9	8	5	2	4	3		7
4	2	1	6	3	7	5	9	8
5	3	7	8	9	1	4	6	2
1		9	3	7	6	8	2	5
7	8		9	1	2		4	3
	6	3		5	8	1	7	

Puzzle 22

9	4	2	5	7	3	1	8	6
1	7	8	6	9	2	5	4	
3	6	5	4	1		2	7	
7		9	3	6	4	8	5	1
4	3	1		8	5	6	9	2
5		6	9	2	1	7	3	
2	1	7	8	4	9	3		5
6		3		5	7	4	1	
8	5	4	1			9	2	7

Puzzle 23

5	8	4	3	6		1	2	7
9					2		8	6
7	6	2	8	4	1	9	3	5
6	9	3	1	2	5	7	4	8
	5	7	6		4	3	9	1
1	4		7	9		6	5	2
4	7		9	1	8	2	6	3
8	2	6	4	3	7	5	1	9
3	1	9	2	5	6	8	7	4

Puzzle 24

	2	1	8	6		4	7	3
9	4	3	2	1	7	5	6	8
	6	8		5	3	1	9	2
	9	4	7		1	8	5	6
6	8	5	9	4	2	7	3	
1	3	7	6	8	5	2	4	9
8	7	9		2	4	6	1	
4	5	6	1	9	8	3	2	7
3	1		5	7	6	9	8	4

Puzzle 25

	4		1	7	6	2	5	3
2	1	6	8	3	5	4	7	
3	7	5	2	9	4	8	1	6
1		8		2	7	6		5
6		2	3	5	8	1	4	7
7		4	6		9	3	2	8
4	8		9	6	1	5	3	2
	2	1	5	8	3	7	6	4
	6	3		4	2	9	8	1

Puzzle 26

9	1		5		4	8	7	3
7	2	4	3	6		5	9	1
		8	7	1	9	6	4	2
4	3	7	8	5	6	1	2	9
5		1		9	2	3	8	7
2	8	9	1	3	7	4		5
8	7	5	2	4	1	9	3	6
1	9	2	6	8	3	7	5	
6	4	3	9	7	5	2		8

Puzzle 27

3	4	5	1	2	9	8	7	6
8	9	6	5		7	4	1	2
1	7	2	4		6		5	9
6	3	7	9	5	1		4	8
5	8	4	3		2		9	7
	1	9		7		6		5
9	6	1	7	4	8	5	2	3
7		8	2	1	3	9	6	4
4		3	6	9	5	7	8	1

Puzzle 28

6	7	5	3	1		8	9	4
3	8	4	7	6		2	5	1
9	1	2	4	5	8	7	6	3
7		1	8	2	6	9	4	5
5	4	9		3	7	6	8	2
8	2	6	5	9	4	3	1	7
2	9		6	4	5	1		8
4	6	7	2	8		5	3	
1	5	8	9	7	3	4	2	

Puzzle 29

	4	9	3	1		6	8	5
3			7	8	4	9	1	2
1	2	8	5	9		7	3	4
	3	7	2	6	1	4	5	9
4	6	5		7	3	1	2	8
2	9	1	8	4	5	3	7	6
5	7		4	3		8	6	1
9	1	3	6	2		5	4	7
6	8	4	1	5	7	2	9	

Puzzle 30

7	9	8		3		6		1		5	
	6	1	8	9	2	7	4	3
2	3	4	7	1	5	9	6	8
	8	6	3	7	1	4	2	5
4	2	5	9			3	7	1
3	1	7	5	2	4	6		9
8	5	3	6	4	9	2	1	7
6	7	2	1	8		5	9	4
	4	9	2	5	7	8	3	6

Puzzle 31

4	6	3		8	5	9	7	1
1	2			9	7	6	5	3
9	7	5	1	6	3	8		4
8	5	1	6	3	4	2	9	7
7	9	6	8	2		3	4	5
2	3	4		7	9	1		8
	4	2	3	1	6	7	8	9
6		9	7	5	8	4	3	2
3	8	7	9	4	2	5	1	6

Puzzle 32

	8	1		3	5	9		7
7	9	5	8	6	2	3	4	1
4	2	3	7	9	1	6		5
5	4	7	6	2	9		3	8
9	6	2	1	8	3	5		4
1	3		5	7	4	2	6	9
2	5	6	9	4	7	8	1	3
8	1	4	3	5		7	9	2
3	7	9	2	1	8	4		6

Puzzle 33

7		9	6	2	5	8		4
5	6	1	9	4	8		7	3
4	8	2	1	7	3	5	6	9
1	5	4	2	6	9	3	8	7
2			7	8		6	5	1
8	7	6	5	3	1	9	4	2
9		5	8	1	7	4	3	6
6	4	7	3	5	2	1	9	8
	1	8	4	9	6	7		5

Puzzle 34

1	5		4	2	6	9		7
7	2	6	8	3	9	4	1	5
8		4	1	5		6		2
	3	7		8	1	5	4	9
5	4	1	3	9	2	7	6	8
9	6		7	4	5	3	2	1
	8	5	9	1	3	2	7	
6	1	9		7	4	8	5	3
3	7	2	5	6	8		9	4

Puzzle 35

5	3	8	2	9	1	7	4	6
9	1	7	6	5		2	8	3
2		4	3		8	1		5
7	2	5	9	6	3	8	1	4
6		1		4		3	2	7
8	4	3	7	1	2	5	6	9
1	8	9	5	3	6		7	2
	7	2		8	9	6	5	1
4	5	6	1		7	9	3	8

Puzzle 36

3	4		5	1	6	9	2	8
1	2		3		8		4	6
8	6	5	2	4	9	7	1	3
5		1	6	9	2	3	7	4
7	9	6	4	3	5	2	8	1
	3	4	1		7	6	9	5
9	5	3	8	2	4	1		7
4	1	2	7	6	3		5	
6	7		9	5	1	4	3	2

Puzzle 37

		8	9	2	3	5	7	4	1
		4	5	8	1	7	3	9	6
1		3	7		4	6	2		5
5		2	3	7	8	1	4		9
9		6	4	3	5	2	8	1	7
7		1	8	4	6				2
3		5	1	6	7	4	9	2	8
4		7	2	1	9	8	6	5	
8		9	6	5	2		1	7	4

Puzzle 38

4	9	6	5	3	7	1	8	2
3			8	6	1	9	4	5
5		1	4	9	2	7	3	6
7		4	1			2	6	9
8	1	9	7	2	6	3	5	4
2	6		3	4	9			7
1	4	3	9	7	5	6		8
6		8	2	1	4	5	9	3
9		2	6	8	3	4	7	1

Puzzle 39

9			8	3	5	2	1	7	6

9			8	3	5	2	1	7	6
5	2	7	6	4	1	3		9
	1	6	9	7	8	4	5	2
6		9	8	2	4	5	1	3
2		3	5		6	9	4	7
4	5	1		9	3	6	2	8
		5	1	8	9	2	6	4
8		2	4	3	5	7		1
1	9	4	2		7	8	3	5

Puzzle 40

9	8	1	3	2	5	4	7	6
2	6	4	1	8	7		3	5
7	5	3	4	6		1	2	8
		6	8	1	2	5	4	9
5	1	8	9	4	3	7	6	2
4	9	2	7		6	8		3
1	3	5	2	7	8		9	4
6	2	7	5	9		3	8	
8	4	9	6		1	2	5	

Puzzle 41

8	7	1	3	9	6	5	4	2
9	4	3	7	2	5	8	6	1
2	6	5	1		8	7	3	9
	2		8	6	3	9	1	5
6	3	9	2	5		4	8	
5	1	8	9	7	4	3		6
7	5	6		3	2	1	9	8
3	8	2	5	1	9	6	7	4
1		4		8	7	2	5	3

Puzzle 42

7	6	9	1		5	8	2	3
4				2	8	9	7	6
8	2		7	9		1	5	4
2	7		5	3	4	6	8	9
5	9	6	8		1	3	4	2
3	8	4	2		9		1	7
9	4	8	6	5	7	2	3	1
6	5	2		1	3	7	9	8
1	3	7	9	8	2		6	5

Puzzle 43

9	3	2	4	8	7	5	6	1
7	4	8	6	5	1	2	3	
5	6	1	2	9	3	7	4	
6	1	3	9	4	5	8	7	2
4	2	9	7	3	8		5	6
8		5	1		6	4	9	3
1	8	4	3		9	6	2	5
3	5		8	6	2	9	1	
2	9		5	1	4	3	8	7

Puzzle 44

9	7		2	8	4	1		3	5
	4	8	6	3	5	7	9	2
	5	2	7	1		4	6	8
6	9	4	1	2	8	3	5	7
	2		5		6	8	1	9
5	8	1	9	7	3	6	2	4
	1	5	3	9	7	2	4	6
2		7	4	5	1	9	8	3
4	3	9	8	6	2	5	7	1

Puzzle 45

7	3	4	6	2	8	1		9
2	1	8	3	5	9		7	6
9	6	5	1	7		2	8	3
1	7	6	8		2	9	3	5
4	8	9		1	3	6	2	7
5	2			6	7	8	4	
3	4	2		9	1	5		8
6	9	7	4	8	5	3	1	2
8	5	1	2	3		7	9	4

Puzzle 46

8	9	5	7	6	3			1
4		1	8	2	5	7		6
7	6	2	4	1	9	5	8	3
9	7		5	8	4	1	6	2
1		4	3	7	6	9	5	8
5	8	6	1	9	2	3	7	4
6	5		2	3	1		4	9
3	4	9		5	8	2	1	7
2		8	9	4	7		3	5

Puzzle 47

4	1	5	8	7	9	3	6	2
	9	2	5	6	3	4		1
8	6	3				5		9
5	3	9	6	8	7		1	4
2	7	4	3	9	1	6	5	8
	8		4	5	2	9	3	
9	2	1	7	3	6	8		5
3	5	7	9	4	8	1	2	6
6	4	8		1	5		9	3

Puzzle 48

5	4	1	7	3	9	6		8
3	8	6	1		2	7	4	9
7	2	9	6	4	8	5	1	3
1			5	7	3	2	9	4
2				9	6	1	5	7
9	5	7	4	2	1	8	3	6
6	9	2	3	1	7	4	8	5
	1	5		6	4	3	7	2
4	7		2	8		9	6	1

Puzzle 49

9	4	7	8	3	1	5	2	
1		3	2	5	4	7	9	8
5	8	2	7	9	6	3	4	1
2	3		6		9	4	8	5
7		8	3	4	2	1	6	
6	9	4	1	8	5	2		7
	2		9	1	3	6	7	
3	1	9	4	6	7	8	5	2
4	7	6	5		8	9		3

Puzzle 50

1	3	5	4			9	7	8
2	6	7	5	9	8	1		4
	8	9			1	6		2
9	4	3	8	5	6	7	2	1
7	1	8		2	3		4	
5	2	6	7	1	4	3	8	
8	7	4	6	3	9	2	1	
3	9	1	2	8	5	4	6	7
6	5	2	1		7	8	9	3

Puzzle 51

6	2	8	5	4	1	9		7
	4	7	8	3		2	6	1
9	1	3	7	6	2	5	4	8
2	8	6	1	5		3	7	9
3	5	9	2	8		4	1	6
1	7	4	3	9	6	8	5	
7	6	5	4	2	8	1	9	
	9		6	1	3	7	8	5
8	3	1	9	7		6	2	

Puzzle 52

4	5		2	9	1	6	7	8
9	6	8	3	4	7	5	2	1
7		2	5	6	8	9	3	
8	7	1	6		4		9	5
3	2	6	8	5	9	4	1	7
5	9	4	7	1	2	3	8	6
1	4	7	9	2	5	8		3
	3			8	6	7	4	9
	8	9	4	7	3	1	5	2

Puzzle 53

6	1	7	3		9	4	2	5
3	5	8		4	2	9	6	7
2	9	4	6	5	7	8		1
5	6	2	9	1	4	7		3
4	7	3	2	6	8	5	1	9
	8	9	5			2	4	6
	3	5	7	2	6	1	9	4
9		1	4		5	6		8
7	4	6	8	9	1	3	5	2

Puzzle 54

9	1	6	3	8	4	7	5	2
4		7		9	5		3	6
2	3		7	1	6	8	9	
7	6	8	1	5	9	4		
1		9	8	4	3	5	6	
5	4	3	6	7	2	9	8	1
8	5	2	4	3	7	6	1	9
3	7	1	9	6	8	2		5
6	9	4		2	1		7	8

Puzzle 55

		3		8	5	2	7	9
		5	9	3	1	8	6	4
	6	8	4	2	7	5	1	3
3	1	4	2		8	6	5	7
2		6	7	5	4	3	8	1
8	5	7	3	1	6	9	4	2
4	7	2		6	3	1	9	8
5	3		8	7	9		2	6
6	8	9	1	4	2	7	3	5

Puzzle 56

1	3	8	5	6	9	2	4	7
9	7	4	2		3	6	8	5
5			7	8	4		3	
7	6	3		4	8	5	2	9
2	4		3	7	5	8	1	6
8	1			9	2	3	7	4
3	8		9	5	1	4	6	2
6	5	2	4	3	7	1		8
	9	1	8	2	6	7	5	3

Puzzle 57

6	2	5	3	9	8			1
	9	3	5		1	6	8	2
4	1	8	2	6	7	9	5	3
1	4	7	8		9	3	6	
3		9		1		4	2	8
5	8	2	6	3	4	1	7	9
9	3	6	4	8	2	5	1	7
8	7	4	1		3	2	9	6
2	5	1	9	7	6	8	3	4

Puzzle 58

6	7	4	8	5	2	9	3	1
1	8	3	7	6	9			2
2	9	5	4	1	3	7		8
3	6	1		2	7	8	4	9
8	4	9	1		6	2	7	5
7	5	2	9	8	4	3	1	6
5	1	7	2	4	8	6	9	3
4	2	6	3	9	1	5	8	7
	3			7	5	1		4

Puzzle 59

9	4	6	7	1		8	2	3
	2	5	3		4	9	6	7
3		8	6	2	9		5	4
7	6	1	8	3	2	5	4	9
2	9	4	5	7	6	3	1	8
5	8	3	9		1		7	
6	3	9	2	5	7	4	8	1
4	5	7		9	8	2	3	6
8	1	2	4	6	3	7	9	5

Puzzle 60

	9	4		1	6	2	5	
1	5	6	2	3	7	9		4
8	2	7	4	9	5	1	6	3
7	6	5	9	2	8	4		1
2	4	3	6		1	8	7	9
9	8		7	4		6	2	5
4	1	8	3	7	2	5	9	6
6	7	9		8		3	1	2
5	3	2	1	6	9	7	4	8

Puzzle 61

1	7		4	8	9	2	6	5
2	8	4		1	6	7	3	9
5	6	9	2	7	3	4	1	8
8	9		7	5	2	3	4	1
4	3	2	9	6	1		5	7
	5	1	8		4	6	9	2
6	2	8			5	9	7	3
	4	5	3	2	7	1	8	6
3	1	7	6	9	8	5	2	4

Puzzle 62

6	9	7	5	8	2	4	3	1
5		2	3	9	4	6	7	8
8	4	3	6	1		9		5
9		4	1	7		5	6	2
7	5		2	6	9	8		3
3	2	6	4		8	7	1	9
1	7	8	9		6	2	5	4
4	3	9	7	2	5	1	8	6
2	6	5		4	1	3	9	

Puzzle 63

			9	6	2	8	7	
2	9	8	1	5	7	6	3	
6	1		8	4	3	9	2	5
9	8	1	6	3	4		5	2
7	5	3	2	1	8	4	6	9
4	2	6	5	7	9	1		3
3	4	5	7	9	6	2	1	8
8	6	9	3		1	5	4	7
1	7	2	4	8	5	3	9	6

Puzzle 64

5		3	7	6	1	2		4
9	1	7	8	2	4	3	6	5
6	2	4	5	3	9	8	7	
3			2	9	5	7	1	
7	9	6	4	1	3	5	2	8
1	5	2	6		7		3	9
2	7	1	9	4	8	6	5	
4	6	9	3		2	1		7
8	3	5		7	6	9	4	

Puzzle 65

2	6	9	1	8	5	3	4	7
8		1	7	3	4	2	9	6
	4	3	6	9	2	8	5	
3	1	6	2	5	9	4	7	8
5	2	7	4	1		6	3	9
4	9	8	3	7	6	5	1	2
9	8	2	5	4	1	7		3
1		5		6	7	9		4
		4	9	2	3	1	8	5

Puzzle 66

4	7	3	2	1	9	5	6	8
2	8		3	5	6	4	7	1
5	6	1	4	7	8	2	9	3
8	1	2	6		3	7	5	9
7	4	6	5	9	1	3	8	2
9	3		8		7	6	1	4
3	2		9	6		1	4	7
1	5	4	7		2		3	6
		7		3	4	8		5

Puzzle 67

2	5	7	3	1	9	8	6	4
9	1		7	6	4	5	2	3
4	6	3		5	2	1	9	7
8	7	2		3	1	4	5	6
3	4	6	2	7	5	9	1	8
5	9	1	4	8	6	7	3	2
	8	9		2	7	3	4	5
7		4	5		3	6	8	1
6	3		1	4		2	7	9

Puzzle 68

9	8	2	7	5	6	4	1	
7	5	4	3	9		8	6	2
	1	3	2		4	7	5	
3	4	7	9	6	8	1	2	5
	2	9	4	3	5	6	7	8
	6	5	1		2	9	3	4
5	7	8	6		3		9	1
2	3	6	8	1	9	5	4	7
4	9	1	5	2	7	3	8	6

Puzzle 69

3			2	4	9	5	6	
2	6	4		8	5	9	3	7
8	5		3	7	6	2		1
1	9	6	8	5	2	4	7	
4	7	3	9	6			5	2
5	2	8	4		7	1	9	6
9	3	5		2	8	6	1	4
7	8	1	6	9	4		2	5
6		2	5	1	3	7	8	9

Puzzle 70

3		6		8	5	4	9	2
2	7			9	4	5	1	6
5	4	9	2	6			7	3
8		7	4	2	6	1	3	9
1	6	2	8		9	7	5	4
9	3	4	1	5	7		2	
7	9	3	6		8	2	4	5
6	2	1		4	3		8	7
4	8	5	9	7	2	3	6	1

Puzzle 71

5				2	3	6		7		4

5		9		2	3	6	7	4
4	2	3	8	6	7		5	9
1	6	7	4	5	9	3		8
	3	6		4	2	9	8	1
2		4	9	1	8	7	6	
8	9	1	7	3	6	5	4	2
9	4	2	3	7	5	8	1	6
	1	5		8	4	2	9	7
	7	8	2	9	1	4	3	5

Puzzle 72

7	6	8	4		1	5	9	3
1	4	3	5				6	7
9	2	5	7	3	6	8		4
8	7	1	9	4	5	3	2	6
2	5	4	6	7		1	8	9
3	9	6	8	1	2		4	5
5	1	7	2		4	9	3	
6	3	2	1		9		5	7
4	8	9	3		7	2	6	1

Puzzle 73

1	8	2	9	7	5	6	4	3
4	9	7			3	8	5	1
3	5		8	1	4	9	2	7
8		4	5	6	1	2	3	9
2	3	5	4	9		1	8	6
6	1	9	2	3	8	5	7	4
9	2	8		4	6	3		5
7		1	3	5	2	4	9	8
5	4		1	8	9	7	6	2

Puzzle 74

2	1		9	4	7	3	8	5
		5	6	2	8	1		9
7	8	9	5	1	3	2	4	
5	6	8	1	3	4	9	2	7
9		3			2	5	1	8
1	7	2	8	9	5	4		3
8	9	1	4	5	6	7		2
6	2	4	3	7		8	5	1
3	5	7	2	8	1	6	9	4

Puzzle 75

		5		3	4	9		6	1	2
		9	6	5	2			3		7
	3			2	6	7	1	9	5	8
	6	3	4	8	1	5		2	7	9
	7	1	8		9				6	3
	9	2	5	7	3	6		1		4
		8	1	9	5	4		7	3	6
	5	6	3	2	8	7		4	9	1
	4	7	9	1	6	3			2	5

Puzzle 76

4	7	1	2	6		5		9
3	5	2	9	7		1	8	6
8	6	9	5	3	1	2	7	4
6	9	5	4		3	7	2	8
7	1	3	6	8	2	4	9	
2	4	8	7	5		6		3
9	2	6	8	4		3		1
5	3	7		9	6	8	4	
	8	4	3	2	5	9		7

Puzzle 77

9	3	7	1	6	2			8
6	5	1	8	3	4		9	2
8	4		5	7	9	3		6
2	7	5	3	8	6	9	4	1
1	6		4	9	5	2	3	
4	9	3	7	2		8	6	5
3	2	4	6	1	7		8	
7	8		9	5	3	1		4
5	1	9	2	4	8	6	7	3

Puzzle 78

7	6	3		4	5	9	2	8
1	4	2	6		9	5	7	
5	8	9	2	7	3		4	1
3	2	6	5	1	8		9	4
9		8	4	6	7	1	3	2
	7		3	9	2	8	5	6
8	1	5	9		4	2	6	
6	9	4	7	2			8	5
2	3	7		5	6	4	1	9

Puzzle 79

7	1	6	2		4	3	9	
	9	5		1	3	7	2	6
8		3		9	6	4	5	1
2	7	9	4	6	1	8	3	5
3	5	4	9	2	8		6	7
	6	8	5	3	7	9	4	2
9	4	7	6		5	2	1	3
6	8	1	3		2	5	7	9
5	3	2	1	7	9	6	8	4

Puzzle 80

3	4	9	1	2	6		8	
6		1	8	4	7	3	2	9
8	7	2	5	3	9	1	4	6
4	2	6	7		3	9	1	8
9	8	3		1	2	5	6	7
	1	7	6	9		2	3	4
7	6	5	2	8	1	4	9	3
1	9	4	3	6		8	7	2
2	3	8	9	7		6	5	1

Puzzle 81

9	6	8		2		3	4	1
3	2	4	1	6				7
5	1	7	9		4	8	6	
1	7		8	4	9	6	5	3
	9	5	2		3	4	7	8
4	8	3	6	7	5	2	1	9
8	3	9	4	5	1	7	2	6
7	5	6		9	2	1	8	4
2	4	1	7		6	9		5

Puzzle 82

4	1	9	8		7	3	2	6
	5	6	3	2	9	7	4	1
		7	1	6	4	8	5	9
9	4	5		3	8		1	7
3	7	8	4	1	6	5	9	2
6	2	1	9	7	5		8	3
	6	2	5	8	1	9	3	4
1	8	4	6	9	3	2	7	5
5	9	3	7	4	2		6	8

Puzzle 83

4	6	9	1	2	5		3	
5				4	3	2	1	9
1		3	8	7	9	4	6	
7	5	8	9		4	1	2	6
	3	1	7	6		5	4	8
2	4	6			1	9	7	3
8	7	4	2	9	6	3	5	1
6	1	2	3	5	8	7	9	4
3	9	5	4	1	7	6		2

Puzzle 84

7	5	4	9	8	3	2	6	1
1	9	8	5	2	6	7	4	3
6	2	3	1	7		9	5	
3	8	7	2	5		4	9	6
5	6	9	7	4	8	3	1	2
2	4	1	6	3	9			5
4	1	2	8	6		5		9
9			4		2	6	8	7
	7	6	3	9		1	2	4

Puzzle 85

1	4	6	5	7	3	9		8
	5	2	9	6	8			4
7	9	8	2		4	3	6	5
9	7	4	8	2	1	5	3	6
	1	3	6	9		7	4	2
2	6	5	4	3	7	8	9	
5	2		3		9	6	8	7
			7	5	6	2	1	3
6	3	7	1	8	2	4	5	9

Puzzle 86

	3	2		6	9		5	4
8	5	4	2	3	1	9	7	6
6	9	1	5	4		2	3	8
2	1	8	9	7	5	4	6	3
	7	5	4	1	6	8	2	
4	6	9	3	8	2		1	5
	4	6	7	2	3	5	8	
5	2	3	1	9	8	6	4	7
	8	7		5	4	3	9	2

Puzzle 87

8		9	1	4	6	2	5	3
1	4	2	7	3	5	9	6	8
	6	3		9	2	1	4	7
2	8		3		9	4	7	
4	3	5	6	2	7	8		9
9	1	7	5		4	6	3	
3	5	1	9	6	8	7		4
6	9		2	7	3	5	8	1
7	2	8	4	5	1	3	9	6

Puzzle 88

1			6	9	5	3		4	7
4	9	5	8	6	7	3	1	2
7	8	3	2		4	9	5	
5	4	2	7	8	1		3	9
8	1	7	6	3		4	2	5
6	3		4	2	5	1	7	
2	6	4	3	7	8	5	9	1
9		1	5		6	2	8	3
	5	8	1	9	2	7		4

Puzzle 89

2	7			4	6	1	9	8
	3	8	7	9		2	6	
4	6	9	8	2	1	5	3	7
	2		4		9	6	7	1
6	1	4	2	3	7	8	5	9
5	9	7	6	1		4	2	3
9	5	6	1	7	4	3	8	2
7	4	2		8	3	9		1
3	8	1	9			7	4	5

Puzzle 90

4	9	5	7	1	2		3	6
2	7	3	8			1	9	5
6		1	3	5	9	4	2	7
9	2	6	5	7	8	3	1	4
7	5	4	9	3	1	2	6	8
1	3		6				5	9
3	6	2	4	8	5	9	7	1
8			2	6		5	4	3
		7	1	9	3	6	8	2

Puzzle 91

7	5	4	2	1	8	9	3	6
1	6	2	7		9	8	4	5
8	3	9			5	2	7	1
3	8	1	9	6	4	5	2	7
5	4	7	1		3	6		9
9	2	6	5	8		3		4
4	7	8	3		6	1	9	2
	1	3	4	9	2	7	5	
2	9		8	7	1	4	6	3

Puzzle 92

5	3	6		8	4	7	9	2
2	8	4	5	9	7		3	
9	1	7	6	3	2	4	8	5
7	4	5			1	8	2	3
3	9	2	4	7	8	5	6	
1	6	8	3		5	9		4
	5		8	1	3	2	4	7
8	2	1		4		3	5	9
4	7	3	2	5	9	6	1	8

Puzzle 93

5	3	9	6		2	8	4	1
7	4	8	5	9		6	2	3
2	1	6		3	4	5	7	9
4	2	3		6	9	7		
9	8		7	2		4	3	6
6	7	5	4	8	3	9	1	2
1		2	9	4	8	3	6	7
8	6	4	3	1	7	2	9	5
3	9	7	2	5	6	1	8	4

Puzzle 94

	2		4	6	1	8	3	5
	3		2	7	5	1	6	9
6	1	5	3			4	7	2
	4	2	7		6	5	9	8
8	5	7	9	2	3	6	4	1
9	6	1	8	5	4	7	2	3
1	7	6	5		9	2	8	4
5	8	3	6	4	2	9	1	
2	9	4	1	8	7	3	5	6

Puzzle 95

4	7	5	3	8	2	9	1	6
8	9	3	7	1			4	2	5
6		2	5	4	9	7		
2	5	8		7	1	3	4	9
1	4	9	8	5	3	2	6	7
7	3		9	2		1	5	
9	8	4	2	3	5	6	7	1
5	6	1	4	9		8	3	2
3	2	7	1	6	8	5	9	

Puzzle 96

4	3		1	9		7	5	6
1	9	5	3	6	7	2	8	4
7	8	6	2	4	5	9		1
6	1	3		8		5	4	9
9	4	8	6		3	1	2	7
2	5	7	9	1	4	8		3
3	7		8	2	6	4	9	5
8	6	4		7	9	3	1	2
	2	9	4	3	1	6		8

Puzzle 97

9	3	5	2	6	4	8	1	7
8	4	1	7	5	3	2		9
7	2	6	9				4	5
	5	2	8	7		4	9	3
3	7	9	5	4	2		8	
6	8		1	3	9	5	7	
2	1	3	6	8	7	9	5	4
4	6	7	3	9	5	1		8
5	9	8	4	2	1		3	6

Puzzle 98

5	6	8	9	4	1	3	2	7
4		1	6	7	3	5		9
7	3	9		5	8		1	4
2	1	4	3	6	7	8	9	5
8	7		4	9	5		6	2
6	9	5		1	2	7		3
9	4	7	5	8	6	2	3	1
1	8		7	3	9	4	5	6
3		6	1	2	4	9	7	8

Puzzle 99

8	7	3	1	2	4	6		
4	5	1	3	6	9	8	7	2
9	6	2		5	8		3	1
1	3			7	5	9	6	4
5	9	7	6	4	1	3	2	8
2		6	9	8	3	5	1	7
3	2		4	9	7	1	8	6
	1	4	8	3	2	7		9
7	8		5	1	6	2	4	

Puzzle 100

4	1	6	9	7	5	8	2	3
5	8	2	4	6		1	9	
9	3	7	2		8	4	6	
2		1	7	3	4	9	5	8
	5	4	8	2			1	6
8	9	3	1	5	6	2	7	4
1	2	8	5	4	7	6	3	9
6	7	9	3	8		5	4	2
3	4	5	6	9		7	8	1

Solutions:

Puzzle 1

8	6	2	1	4	7	5	3	9
3	4	7	8	5	9	6	1	2
9	1	5	2	6	3	4	7	8
4	9	6	3	2	1	8	5	7
5	2	1	4	7	8	3	9	6
7	3	8	5	9	6	2	4	1
6	8	4	9	1	5	7	2	3
1	5	3	7	8	2	9	6	4
2	7	9	6	3	4	1	8	5

Puzzle 2

7	9	6	3	1	5	4	8	2
4	3	8	6	9	2	1	5	7
1	2	5	4	7	8	3	9	6
9	8	4	2	5	1	7	6	3
5	1	3	8	6	7	9	2	4
2	6	7	9	3	4	8	1	5
3	7	9	5	8	6	2	4	1
8	5	2	1	4	3	6	7	9
6	4	1	7	2	9	5	3	8

Puzzle 3

5	9	2	4	8	6	1	7	3
6	3	1	9	7	2	4	8	5
7	4	8	1	3	5	6	2	9
1	2	6	5	9	7	3	4	8
4	8	3	6	2	1	5	9	7
9	7	5	3	4	8	2	1	6
2	5	7	8	6	4	9	3	1
3	6	4	7	1	9	8	5	2
8	1	9	2	5	3	7	6	4

Puzzle 4

1	8	3	2	7	6	9	5	4
2	9	4	1	8	5	3	6	7
6	7	5	3	9	4	8	1	2
7	1	2	8	5	9	4	3	6
3	5	9	6	4	1	2	7	8
8	4	6	7	2	3	5	9	1
9	3	7	4	6	8	1	2	5
4	6	1	5	3	2	7	8	9
5	2	8	9	1	7	6	4	3

Puzzle 5

7	9	2	8	1	4	5	3	6
4	8	5	6	3	9	2	1	7
1	3	6	5	2	7	8	9	4
5	2	8	1	4	6	9	7	3
9	4	1	2	7	3	6	8	5
6	7	3	9	8	5	1	4	2
2	5	7	4	9	8	3	6	1
8	6	4	3	5	1	7	2	9
3	1	9	7	6	2	4	5	8

Puzzle 6

6	8	7	2	5	1	4	3	9
1	5	4	8	3	9	6	2	7
2	3	9	4	7	6	8	1	5
5	6	8	7	1	4	3	9	2
9	7	3	6	2	5	1	4	8
4	2	1	9	8	3	5	7	6
3	1	2	5	9	8	7	6	4
7	4	5	3	6	2	9	8	1
8	9	6	1	4	7	2	5	3

Puzzle 7

6	9	1	7	8	5	3	2	4
3	8	2	9	1	4	5	7	6
7	5	4	3	2	6	1	8	9
4	7	6	5	3	2	9	1	8
9	3	5	8	6	1	7	4	2
1	2	8	4	7	9	6	5	3
8	1	9	6	4	7	2	3	5
5	4	7	2	9	3	8	6	1
2	6	3	1	5	8	4	9	7

Puzzle 8

1	7	6	8	3	9	2	4	5
5	8	2	7	4	6	1	9	3
4	3	9	2	1	5	6	7	8
7	5	8	1	6	4	3	2	9
6	9	3	5	2	7	8	1	4
2	4	1	9	8	3	5	6	7
8	2	7	4	5	1	9	3	6
9	6	5	3	7	2	4	8	1
3	1	4	6	9	8	7	5	2

Puzzle 9

4	7	1	2	9	5	3	6	8
6	3	9	4	1	8	7	2	5
5	2	8	7	6	3	1	4	9
2	8	5	9	7	4	6	3	1
3	9	4	6	8	1	5	7	2
7	1	6	3	5	2	8	9	4
1	4	7	5	3	9	2	8	6
8	6	2	1	4	7	9	5	3
9	5	3	8	2	6	4	1	7

Puzzle 10

6	4	2	3	9	8	7	5	1
9	5	8	2	1	7	6	4	3
1	7	3	5	4	6	2	9	8
4	9	5	1	7	3	8	6	2
7	3	6	8	2	5	4	1	9
8	2	1	4	6	9	3	7	5
2	1	7	9	3	4	5	8	6
5	6	9	7	8	2	1	3	4
3	8	4	6	5	1	9	2	7

Puzzle 11

5	4	6	7	1	9	2	8	3
2	7	3	4	5	8	9	6	1
9	8	1	3	2	6	4	7	5
6	3	4	5	7	2	8	1	9
1	2	8	9	3	4	7	5	6
7	5	9	8	6	1	3	2	4
3	1	2	6	9	7	5	4	8
4	6	5	2	8	3	1	9	7
8	9	7	1	4	5	6	3	2

Puzzle 12

9	5	3	7	1	4	6	8	2
8	1	4	5	6	2	7	9	3
6	2	7	9	3	8	1	4	5
1	3	6	2	5	9	8	7	4
2	8	9	6	4	7	5	3	1
4	7	5	3	8	1	9	2	6
7	9	1	4	2	5	3	6	8
5	6	2	8	7	3	4	1	9
3	4	8	1	9	6	2	5	7

Puzzle 13

9	2	8	4	5	3	1	6	7
3	1	7	6	9	2	8	5	4
4	5	6	1	8	7	2	9	3
1	8	2	7	3	9	6	4	5
5	7	3	8	6	4	9	2	1
6	9	4	2	1	5	3	7	8
8	6	5	9	7	1	4	3	2
2	3	1	5	4	6	7	8	9
7	4	9	3	2	8	5	1	6

Puzzle 14

9	8	4	1	3	7	6	2	5
3	6	5	8	9	2	1	7	4
1	2	7	6	5	4	8	3	9
6	9	3	5	8	1	2	4	7
4	7	1	2	6	3	5	9	8
8	5	2	7	4	9	3	1	6
7	4	6	3	1	5	9	8	2
5	1	9	4	2	8	7	6	3
2	3	8	9	7	6	4	5	1

Puzzle 15

4	6	7	3	8	9	1	5	2
8	3	9	1	2	5	4	7	6
1	5	2	4	7	6	3	8	9
9	4	6	5	3	7	8	2	1
2	7	5	8	4	1	6	9	3
3	8	1	6	9	2	7	4	5
5	1	4	2	6	8	9	3	7
6	9	8	7	5	3	2	1	4
7	2	3	9	1	4	5	6	8

Puzzle 16

8	3	5	7	4	2	1	6	9
4	9	6	1	3	8	2	7	5
2	7	1	9	5	6	3	4	8
3	5	9	6	1	7	4	8	2
6	4	7	2	8	3	5	9	1
1	8	2	5	9	4	6	3	7
9	2	8	3	6	5	7	1	4
5	1	3	4	7	9	8	2	6
7	6	4	8	2	1	9	5	3

Puzzle 17

3	9	2	1	4	5	8	7	6
4	8	6	2	7	9	5	3	1
5	7	1	6	8	3	4	2	9
6	4	9	8	3	1	7	5	2
2	1	3	7	5	4	6	9	8
7	5	8	9	6	2	1	4	3
8	3	7	4	9	6	2	1	5
1	6	5	3	2	7	9	8	4
9	2	4	5	1	8	3	6	7

Puzzle 18

3	7	2	8	1	9	5	4	6
8	5	9	4	3	6	2	7	1
6	1	4	5	7	2	8	9	3
7	6	1	9	8	5	4	3	2
4	8	3	7	2	1	6	5	9
9	2	5	6	4	3	1	8	7
5	9	8	2	6	7	3	1	4
1	4	6	3	9	8	7	2	5
2	3	7	1	5	4	9	6	8

Puzzle 19

1	7	9	6	5	2	8	4	3
2	8	4	7	1	3	5	6	9
6	5	3	4	9	8	7	1	2
3	6	1	2	7	9	4	8	5
9	4	7	8	6	5	2	3	1
5	2	8	1	3	4	6	9	7
7	1	2	9	4	6	3	5	8
8	3	6	5	2	1	9	7	4
4	9	5	3	8	7	1	2	6

Puzzle 20

3	8	9	6	2	1	7	4	5
6	1	5	9	4	7	8	3	2
7	2	4	8	5	3	1	6	9
9	6	2	7	8	4	3	5	1
8	5	3	1	9	6	4	2	7
4	7	1	2	3	5	6	9	8
5	9	6	3	7	8	2	1	4
2	3	8	4	1	9	5	7	6
1	4	7	5	6	2	9	8	3

Puzzle 21

9	1	6	7	8	3	2	5	4
8	7	2	1	4	5	9	3	6
3	5	4	2	6	9	7	8	1
6	9	8	5	2	4	3	1	7
4	2	1	6	3	7	5	9	8
5	3	7	8	9	1	4	6	2
1	4	9	3	7	6	8	2	5
7	8	5	9	1	2	6	4	3
2	6	3	4	5	8	1	7	9

Puzzle 22

9	4	2	5	7	3	1	8	6
1	7	8	6	9	2	5	4	3
3	6	5	4	1	8	2	7	9
7	2	9	3	6	4	8	5	1
4	3	1	7	8	5	6	9	2
5	8	6	9	2	1	7	3	4
2	1	7	8	4	9	3	6	5
6	9	3	2	5	7	4	1	8
8	5	4	1	3	6	9	2	7

Puzzle 23

5	8	4	3	6	9	1	2	7
9	3	1	5	7	2	4	8	6
7	6	2	8	4	1	9	3	5
6	9	3	1	2	5	7	4	8
2	5	7	6	8	4	3	9	1
1	4	8	7	9	3	6	5	2
4	7	5	9	1	8	2	6	3
8	2	6	4	3	7	5	1	9
3	1	9	2	5	6	8	7	4

Puzzle 24

5	2	1	8	6	9	4	7	3
9	4	3	2	1	7	5	6	8
7	6	8	4	5	3	1	9	2
2	9	4	7	3	1	8	5	6
6	8	5	9	4	2	7	3	1
1	3	7	6	8	5	2	4	9
8	7	9	3	2	4	6	1	5
4	5	6	1	9	8	3	2	7
3	1	2	5	7	6	9	8	4

Puzzle 25

8	4	9	1	7	6	2	5	3
2	1	6	8	3	5	4	7	9
3	7	5	2	9	4	8	1	6
1	3	8	4	2	7	6	9	5
6	9	2	3	5	8	1	4	7
7	5	4	6	1	9	3	2	8
4	8	7	9	6	1	5	3	2
9	2	1	5	8	3	7	6	4
5	6	3	7	4	2	9	8	1

Puzzle 26

9	1	6	5	2	4	8	7	3
7	2	4	3	6	8	5	9	1
3	5	8	7	1	9	6	4	2
4	3	7	8	5	6	1	2	9
5	6	1	4	9	2	3	8	7
2	8	9	1	3	7	4	6	5
8	7	5	2	4	1	9	3	6
1	9	2	6	8	3	7	5	4
6	4	3	9	7	5	2	1	8

Puzzle 27

3	4	5	1	2	9	8	7	6
8	9	6	5	3	7	4	1	2
1	7	2	4	8	6	3	5	9
6	3	7	9	5	1	2	4	8
5	8	4	3	6	2	1	9	7
2	1	9	8	7	4	6	3	5
9	6	1	7	4	8	5	2	3
7	5	8	2	1	3	9	6	4
4	2	3	6	9	5	7	8	1

Puzzle 28

6	7	5	3	1	2	8	9	4
3	8	4	7	6	9	2	5	1
9	1	2	4	5	8	7	6	3
7	3	1	8	2	6	9	4	5
5	4	9	1	3	7	6	8	2
8	2	6	5	9	4	3	1	7
2	9	3	6	4	5	1	7	8
4	6	7	2	8	1	5	3	9
1	5	8	9	7	3	4	2	6

Puzzle 29

7	4	9	3	1	2	6	8	5
3	5	6	7	8	4	9	1	2
1	2	8	5	9	6	7	3	4
8	3	7	2	6	1	4	5	9
4	6	5	9	7	3	1	2	8
2	9	1	8	4	5	3	7	6
5	7	2	4	3	9	8	6	1
9	1	3	6	2	8	5	4	7
6	8	4	1	5	7	2	9	3

Puzzle 30

7	9	8	4	3	6	1	5	2
5	6	1	8	9	2	7	4	3
2	3	4	7	1	5	9	6	8
9	8	6	3	7	1	4	2	5
4	2	5	9	6	8	3	7	1
3	1	7	5	2	4	6	8	9
8	5	3	6	4	9	2	1	7
6	7	2	1	8	3	5	9	4
1	4	9	2	5	7	8	3	6

Puzzle 31

4	6	3	2	8	5	9	7	1
1	2	8	4	9	7	6	5	3
9	7	5	1	6	3	8	2	4
8	5	1	6	3	4	2	9	7
7	9	6	8	2	1	3	4	5
2	3	4	5	7	9	1	6	8
5	4	2	3	1	6	7	8	9
6	1	9	7	5	8	4	3	2
3	8	7	9	4	2	5	1	6

Puzzle 32

6	8	1	4	3	5	9	2	7
7	9	5	8	6	2	3	4	1
4	2	3	7	9	1	6	8	5
5	4	7	6	2	9	1	3	8
9	6	2	1	8	3	5	7	4
1	3	8	5	7	4	2	6	9
2	5	6	9	4	7	8	1	3
8	1	4	3	5	6	7	9	2
3	7	9	2	1	8	4	5	6

Puzzle 33

7	3	9	6	2	5	8	1	4
5	6	1	9	4	8	2	7	3
4	8	2	1	7	3	5	6	9
1	5	4	2	6	9	3	8	7
2	9	3	7	8	4	6	5	1
8	7	6	5	3	1	9	4	2
9	2	5	8	1	7	4	3	6
6	4	7	3	5	2	1	9	8
3	1	8	4	9	6	7	2	5

Puzzle 34

1	5	3	4	2	6	9	8	7
7	2	6	8	3	9	4	1	5
8	9	4	1	5	7	6	3	2
2	3	7	6	8	1	5	4	9
5	4	1	3	9	2	7	6	8
9	6	8	7	4	5	3	2	1
4	8	5	9	1	3	2	7	6
6	1	9	2	7	4	8	5	3
3	7	2	5	6	8	1	9	4

Puzzle 35

5	3	8	2	9	1	7	4	6
9	1	7	6	5	4	2	8	3
2	6	4	3	7	8	1	9	5
7	2	5	9	6	3	8	1	4
6	9	1	8	4	5	3	2	7
8	4	3	7	1	2	5	6	9
1	8	9	5	3	6	4	7	2
3	7	2	4	8	9	6	5	1
4	5	6	1	2	7	9	3	8

Puzzle 36

3	4	7	5	1	6	9	2	8
1	2	9	3	7	8	5	4	6
8	6	5	2	4	9	7	1	3
5	8	1	6	9	2	3	7	4
7	9	6	4	3	5	2	8	1
2	3	4	1	8	7	6	9	5
9	5	3	8	2	4	1	6	7
4	1	2	7	6	3	8	5	9
6	7	8	9	5	1	4	3	2

Puzzle 37

6	8	9	2	3	5	7	4	1
2	4	5	8	1	7	3	9	6
1	3	7	9	4	6	2	8	5
5	2	3	7	8	1	4	6	9
9	6	4	3	5	2	8	1	7
7	1	8	4	6	9	5	3	2
3	5	1	6	7	4	9	2	8
4	7	2	1	9	8	6	5	3
8	9	6	5	2	3	1	7	4

Puzzle 38

4	9	6	5	3	7	1	8	2
3	2	7	8	6	1	9	4	5
5	8	1	4	9	2	7	3	6
7	3	4	1	5	8	2	6	9
8	1	9	7	2	6	3	5	4
2	6	5	3	4	9	8	1	7
1	4	3	9	7	5	6	2	8
6	7	8	2	1	4	5	9	3
9	5	2	6	8	3	4	7	1

Puzzle 39

9	4	8	3	5	2	1	7	6
5	2	7	6	4	1	3	8	9
3	1	6	9	7	8	4	5	2
6	7	9	8	2	4	5	1	3
2	8	3	5	1	6	9	4	7
4	5	1	7	9	3	6	2	8
7	3	5	1	8	9	2	6	4
8	6	2	4	3	5	7	9	1
1	9	4	2	6	7	8	3	5

Puzzle 40

9	8	1	3	2	5	4	7	6
2	6	4	1	8	7	9	3	5
7	5	3	4	6	9	1	2	8
3	7	6	8	1	2	5	4	9
5	1	8	9	4	3	7	6	2
4	9	2	7	5	6	8	1	3
1	3	5	2	7	8	6	9	4
6	2	7	5	9	4	3	8	1
8	4	9	6	3	1	2	5	7

Puzzle 41

8	7	1	3	9	6	5	4	2
9	4	3	7	2	5	8	6	1
2	6	5	1	4	8	7	3	9
4	2	7	8	6	3	9	1	5
6	3	9	2	5	1	4	8	7
5	1	8	9	7	4	3	2	6
7	5	6	4	3	2	1	9	8
3	8	2	5	1	9	6	7	4
1	9	4	6	8	7	2	5	3

Puzzle 42

7	6	9	1	4	5	8	2	3
4	1	5	3	2	8	9	7	6
8	2	3	7	9	6	1	5	4
2	7	1	5	3	4	6	8	9
5	9	6	8	7	1	3	4	2
3	8	4	2	6	9	5	1	7
9	4	8	6	5	7	2	3	1
6	5	2	4	1	3	7	9	8
1	3	7	9	8	2	4	6	5

Puzzle 43

9	3	2	4	8	7	5	6	1
7	4	8	6	5	1	2	3	9
5	6	1	2	9	3	7	4	8
6	1	3	9	4	5	8	7	2
4	2	9	7	3	8	1	5	6
8	7	5	1	2	6	4	9	3
1	8	4	3	7	9	6	2	5
3	5	7	8	6	2	9	1	4
2	9	6	5	1	4	3	8	7

Puzzle 44

9	7	6	2	8	4	1	3	5
1	4	8	6	3	5	7	9	2
3	5	2	7	1	9	4	6	8
6	9	4	1	2	8	3	5	7
7	2	3	5	4	6	8	1	9
5	8	1	9	7	3	6	2	4
8	1	5	3	9	7	2	4	6
2	6	7	4	5	1	9	8	3
4	3	9	8	6	2	5	7	1

Puzzle 45

7	3	4	6	2	8	1	5	9
2	1	8	3	5	9	4	7	6
9	6	5	1	7	4	2	8	3
1	7	6	8	4	2	9	3	5
4	8	9	5	1	3	6	2	7
5	2	3	9	6	7	8	4	1
3	4	2	7	9	1	5	6	8
6	9	7	4	8	5	3	1	2
8	5	1	2	3	6	7	9	4

Puzzle 46

8	9	5	7	6	3	4	2	1
4	3	1	8	2	5	7	9	6
7	6	2	4	1	9	5	8	3
9	7	3	5	8	4	1	6	2
1	2	4	3	7	6	9	5	8
5	8	6	1	9	2	3	7	4
6	5	7	2	3	1	8	4	9
3	4	9	6	5	8	2	1	7
2	1	8	9	4	7	6	3	5

Puzzle 47

4	1	5	8	7	9	3	6	2
7	9	2	5	6	3	4	8	1
8	6	3	1	2	4	5	7	9
5	3	9	6	8	7	2	1	4
2	7	4	3	9	1	6	5	8
1	8	6	4	5	2	9	3	7
9	2	1	7	3	6	8	4	5
3	5	7	9	4	8	1	2	6
6	4	8	2	1	5	7	9	3

Puzzle 48

5	4	1	7	3	9	6	2	8
3	8	6	1	5	2	7	4	9
7	2	9	6	4	8	5	1	3
1	6	8	5	7	3	2	9	4
2	3	4	8	9	6	1	5	7
9	5	7	4	2	1	8	3	6
6	9	2	3	1	7	4	8	5
8	1	5	9	6	4	3	7	2
4	7	3	2	8	5	9	6	1

Puzzle 49

9	4	7	8	3	1	5	2	6
1	6	3	2	5	4	7	9	8
5	8	2	7	9	6	3	4	1
2	3	1	6	7	9	4	8	5
7	5	8	3	4	2	1	6	9
6	9	4	1	8	5	2	3	7
8	2	5	9	1	3	6	7	4
3	1	9	4	6	7	8	5	2
4	7	6	5	2	8	9	1	3

Puzzle 50

1	3	5	4	6	2	9	7	8
2	6	7	5	9	8	1	3	4
4	8	9	3	7	1	6	5	2
9	4	3	8	5	6	7	2	1
7	1	8	9	2	3	5	4	6
5	2	6	7	1	4	3	8	9
8	7	4	6	3	9	2	1	5
3	9	1	2	8	5	4	6	7
6	5	2	1	4	7	8	9	3

Puzzle 51

6	2	8	5	4	1	9	3	7
5	4	7	8	3	9	2	6	1
9	1	3	7	6	2	5	4	8
2	8	6	1	5	4	3	7	9
3	5	9	2	8	7	4	1	6
1	7	4	3	9	6	8	5	2
7	6	5	4	2	8	1	9	3
4	9	2	6	1	3	7	8	5
8	3	1	9	7	5	6	2	4

Puzzle 52

4	5	3	2	9	1	6	7	8
9	6	8	3	4	7	5	2	1
7	1	2	5	6	8	9	3	4
8	7	1	6	3	4	2	9	5
3	2	6	8	5	9	4	1	7
5	9	4	7	1	2	3	8	6
1	4	7	9	2	5	8	6	3
2	3	5	1	8	6	7	4	9
6	8	9	4	7	3	1	5	2

Puzzle 53

6	1	7	3	8	9	4	2	5
3	5	8	1	4	2	9	6	7
2	9	4	6	5	7	8	3	1
5	6	2	9	1	4	7	8	3
4	7	3	2	6	8	5	1	9
1	8	9	5	7	3	2	4	6
8	3	5	7	2	6	1	9	4
9	2	1	4	3	5	6	7	8
7	4	6	8	9	1	3	5	2

Puzzle 54

9	1	6	3	8	4	7	5	2
4	8	7	2	9	5	1	3	6
2	3	5	7	1	6	8	9	4
7	6	8	1	5	9	4	2	3
1	2	9	8	4	3	5	6	7
5	4	3	6	7	2	9	8	1
8	5	2	4	3	7	6	1	9
3	7	1	9	6	8	2	4	5
6	9	4	5	2	1	3	7	8

Puzzle 55

1	4	3	6	8	5	2	7	9
7	2	5	9	3	1	8	6	4
9	6	8	4	2	7	5	1	3
3	1	4	2	9	8	6	5	7
2	9	6	7	5	4	3	8	1
8	5	7	3	1	6	9	4	2
4	7	2	5	6	3	1	9	8
5	3	1	8	7	9	4	2	6
6	8	9	1	4	2	7	3	5

Puzzle 56

1	3	8	5	6	9	2	4	7
9	7	4	2	1	3	6	8	5
5	2	6	7	8	4	9	3	1
7	6	3	1	4	8	5	2	9
2	4	9	3	7	5	8	1	6
8	1	5	6	9	2	3	7	4
3	8	7	9	5	1	4	6	2
6	5	2	4	3	7	1	9	8
4	9	1	8	2	6	7	5	3

Puzzle 57

6	2	5	3	9	8	7	4	1
7	9	3	5	4	1	6	8	2
4	1	8	2	6	7	9	5	3
1	4	7	8	2	9	3	6	5
3	6	9	7	1	5	4	2	8
5	8	2	6	3	4	1	7	9
9	3	6	4	8	2	5	1	7
8	7	4	1	5	3	2	9	6
2	5	1	9	7	6	8	3	4

Puzzle 58

6	7	4	8	5	2	9	3	1
1	8	3	7	6	9	4	5	2
2	9	5	4	1	3	7	6	8
3	6	1	5	2	7	8	4	9
8	4	9	1	3	6	2	7	5
7	5	2	9	8	4	3	1	6
5	1	7	2	4	8	6	9	3
4	2	6	3	9	1	5	8	7
9	3	8	6	7	5	1	2	4

Puzzle 59

9	4	6	7	1	5	8	2	3
1	2	5	3	8	4	9	6	7
3	7	8	6	2	9	1	5	4
7	6	1	8	3	2	5	4	9
2	9	4	5	7	6	3	1	8
5	8	3	9	4	1	6	7	2
6	3	9	2	5	7	4	8	1
4	5	7	1	9	8	2	3	6
8	1	2	4	6	3	7	9	5

Puzzle 60

3	9	4	8	1	6	2	5	7
1	5	6	2	3	7	9	8	4
8	2	7	4	9	5	1	6	3
7	6	5	9	2	8	4	3	1
2	4	3	6	5	1	8	7	9
9	8	1	7	4	3	6	2	5
4	1	8	3	7	2	5	9	6
6	7	9	5	8	4	3	1	2
5	3	2	1	6	9	7	4	8

Puzzle 61

1	7	3	4	8	9	2	6	5
2	8	4	5	1	6	7	3	9
5	6	9	2	7	3	4	1	8
8	9	6	7	5	2	3	4	1
4	3	2	9	6	1	8	5	7
7	5	1	8	3	4	6	9	2
6	2	8	1	4	5	9	7	3
9	4	5	3	2	7	1	8	6
3	1	7	6	9	8	5	2	4

Puzzle 62

6	9	7	5	8	2	4	3	1
5	1	2	3	9	4	6	7	8
8	4	3	6	1	7	9	2	5
9	8	4	1	7	3	5	6	2
7	5	1	2	6	9	8	4	3
3	2	6	4	5	8	7	1	9
1	7	8	9	3	6	2	5	4
4	3	9	7	2	5	1	8	6
2	6	5	8	4	1	3	9	7

Puzzle 63

5	3	4	9	6	2	8	7	1
2	9	8	1	5	7	6	3	4
6	1	7	8	4	3	9	2	5
9	8	1	6	3	4	7	5	2
7	5	3	2	1	8	4	6	9
4	2	6	5	7	9	1	8	3
3	4	5	7	9	6	2	1	8
8	6	9	3	2	1	5	4	7
1	7	2	4	8	5	3	9	6

Puzzle 64

5	8	3	7	6	1	2	9	4
9	1	7	8	2	4	3	6	5
6	2	4	5	3	9	8	7	1
3	4	8	2	9	5	7	1	6
7	9	6	4	1	3	5	2	8
1	5	2	6	8	7	4	3	9
2	7	1	9	4	8	6	5	3
4	6	9	3	5	2	1	8	7
8	3	5	1	7	6	9	4	2

Puzzle 65

2	6	9	1	8	5	3	4	7
8	5	1	7	3	4	2	9	6
7	4	3	6	9	2	8	5	1
3	1	6	2	5	9	4	7	8
5	2	7	4	1	8	6	3	9
4	9	8	3	7	6	5	1	2
9	8	2	5	4	1	7	6	3
1	3	5	8	6	7	9	2	4
6	7	4	9	2	3	1	8	5

Puzzle 66

4	7	3	2	1	9	5	6	8
2	8	9	3	5	6	4	7	1
5	6	1	4	7	8	2	9	3
8	1	2	6	4	3	7	5	9
7	4	6	5	9	1	3	8	2
9	3	5	8	2	7	6	1	4
3	2	8	9	6	5	1	4	7
1	5	4	7	8	2	9	3	6
6	9	7	1	3	4	8	2	5

Puzzle 67

2	5	7	3	1	9	8	6	4
9	1	8	7	6	4	5	2	3
4	6	3	8	5	2	1	9	7
8	7	2	9	3	1	4	5	6
3	4	6	2	7	5	9	1	8
5	9	1	4	8	6	7	3	2
1	8	9	6	2	7	3	4	5
7	2	4	5	9	3	6	8	1
6	3	5	1	4	8	2	7	9

Puzzle 68

9	8	2	7	5	6	4	1	3
7	5	4	3	9	1	8	6	2
6	1	3	2	8	4	7	5	9
3	4	7	9	6	8	1	2	5
1	2	9	4	3	5	6	7	8
8	6	5	1	7	2	9	3	4
5	7	8	6	4	3	2	9	1
2	3	6	8	1	9	5	4	7
4	9	1	5	2	7	3	8	6

Puzzle 69

3	1	7	2	4	9	5	6	8
2	6	4	1	8	5	9	3	7
8	5	9	3	7	6	2	4	1
1	9	6	8	5	2	4	7	3
4	7	3	9	6	1	8	5	2
5	2	8	4	3	7	1	9	6
9	3	5	7	2	8	6	1	4
7	8	1	6	9	4	3	2	5
6	4	2	5	1	3	7	8	9

Puzzle 70

3	1	6	7	8	5	4	9	2
2	7	8	3	9	4	5	1	6
5	4	9	2	6	1	8	7	3
8	5	7	4	2	6	1	3	9
1	6	2	8	3	9	7	5	4
9	3	4	1	5	7	6	2	8
7	9	3	6	1	8	2	4	5
6	2	1	5	4	3	9	8	7
4	8	5	9	7	2	3	6	1

Puzzle 71

5	8	9	1	2	3	6	7	4
4	2	3	8	6	7	1	5	9
1	6	7	4	5	9	3	2	8
7	3	6	5	4	2	9	8	1
2	5	4	9	1	8	7	6	3
8	9	1	7	3	6	5	4	2
9	4	2	3	7	5	8	1	6
3	1	5	6	8	4	2	9	7
6	7	8	2	9	1	4	3	5

Puzzle 72

7	6	8	4	2	1	5	9	3
1	4	3	5	9	8	6	7	2
9	2	5	7	3	6	8	1	4
8	7	1	9	4	5	3	2	6
2	5	4	6	7	3	1	8	9
3	9	6	8	1	2	7	4	5
5	1	7	2	6	4	9	3	8
6	3	2	1	8	9	4	5	7
4	8	9	3	5	7	2	6	1

Puzzle 73

1	8	2	9	7	5	6	4	3
4	9	7	6	2	3	8	5	1
3	5	6	8	1	4	9	2	7
8	7	4	5	6	1	2	3	9
2	3	5	4	9	7	1	8	6
6	1	9	2	3	8	5	7	4
9	2	8	7	4	6	3	1	5
7	6	1	3	5	2	4	9	8
5	4	3	1	8	9	7	6	2

Puzzle 74

2	1	6	9	4	7	3	8	5
4	3	5	6	2	8	1	7	9
7	8	9	5	1	3	2	4	6
5	6	8	1	3	4	9	2	7
9	4	3	7	6	2	5	1	8
1	7	2	8	9	5	4	6	3
8	9	1	4	5	6	7	3	2
6	2	4	3	7	9	8	5	1
3	5	7	2	8	1	6	9	4

Puzzle 75

8	5	7	3	4	9	6	1	2
1	9	6	5	2	8	3	4	7
3	4	2	6	7	1	9	5	8
6	3	4	8	1	5	2	7	9
7	1	8	4	9	2	5	6	3
9	2	5	7	3	6	1	8	4
2	8	1	9	5	4	7	3	6
5	6	3	2	8	7	4	9	1
4	7	9	1	6	3	8	2	5

Puzzle 76

4	7	1	2	6	8	5	3	9
3	5	2	9	7	4	1	8	6
8	6	9	5	3	1	2	7	4
6	9	5	4	1	3	7	2	8
7	1	3	6	8	2	4	9	5
2	4	8	7	5	9	6	1	3
9	2	6	8	4	7	3	5	1
5	3	7	1	9	6	8	4	2
1	8	4	3	2	5	9	6	7

Puzzle 77

9	3	7	1	6	2	4	5	8
6	5	1	8	3	4	7	9	2
8	4	2	5	7	9	3	1	6
2	7	5	3	8	6	9	4	1
1	6	8	4	9	5	2	3	7
4	9	3	7	2	1	8	6	5
3	2	4	6	1	7	5	8	9
7	8	6	9	5	3	1	2	4
5	1	9	2	4	8	6	7	3

Puzzle 78

7	6	3	1	4	5	9	2	8
1	4	2	6	8	9	5	7	3
5	8	9	2	7	3	6	4	1
3	2	6	5	1	8	7	9	4
9	5	8	4	6	7	1	3	2
4	7	1	3	9	2	8	5	6
8	1	5	9	3	4	2	6	7
6	9	4	7	2	1	3	8	5
2	3	7	8	5	6	4	1	9

Puzzle 79

7	1	6	2	5	4	3	9	8
4	9	5	8	1	3	7	2	6
8	2	3	7	9	6	4	5	1
2	7	9	4	6	1	8	3	5
3	5	4	9	2	8	1	6	7
1	6	8	5	3	7	9	4	2
9	4	7	6	8	5	2	1	3
6	8	1	3	4	2	5	7	9
5	3	2	1	7	9	6	8	4

Puzzle 80

3	4	9	1	2	6	7	8	5
6	5	1	8	4	7	3	2	9
8	7	2	5	3	9	1	4	6
4	2	6	7	5	3	9	1	8
9	8	3	4	1	2	5	6	7
5	1	7	6	9	8	2	3	4
7	6	5	2	8	1	4	9	3
1	9	4	3	6	5	8	7	2
2	3	8	9	7	4	6	5	1

Puzzle 81

9	6	8	5	2	7	3	4	1
3	2	4	1	6	8	5	9	7
5	1	7	9	3	4	8	6	2
1	7	2	8	4	9	6	5	3
6	9	5	2	1	3	4	7	8
4	8	3	6	7	5	2	1	9
8	3	9	4	5	1	7	2	6
7	5	6	3	9	2	1	8	4
2	4	1	7	8	6	9	3	5

Puzzle 82

4	1	9	8	5	7	3	2	6
8	5	6	3	2	9	7	4	1
2	3	7	1	6	4	8	5	9
9	4	5	2	3	8	6	1	7
3	7	8	4	1	6	5	9	2
6	2	1	9	7	5	4	8	3
7	6	2	5	8	1	9	3	4
1	8	4	6	9	3	2	7	5
5	9	3	7	4	2	1	6	8

Puzzle 83

4	6	9	1	2	5	8	3	7
5	8	7	6	4	3	2	1	9
1	2	3	8	7	9	4	6	5
7	5	8	9	3	4	1	2	6
9	3	1	7	6	2	5	4	8
2	4	6	5	8	1	9	7	3
8	7	4	2	9	6	3	5	1
6	1	2	3	5	8	7	9	4
3	9	5	4	1	7	6	8	2

Puzzle 84

7	5	4	9	8	3	2	6	1
1	9	8	5	2	6	7	4	3
6	2	3	1	7	4	9	5	8
3	8	7	2	5	1	4	9	6
5	6	9	7	4	8	3	1	2
2	4	1	6	3	9	8	7	5
4	1	2	8	6	7	5	3	9
9	3	5	4	1	2	6	8	7
8	7	6	3	9	5	1	2	4

Puzzle 85

1	4	6	5	7	3	9	2	8
3	5	2	9	6	8	1	7	4
7	9	8	2	1	4	3	6	5
9	7	4	8	2	1	5	3	6
8	1	3	6	9	5	7	4	2
2	6	5	4	3	7	8	9	1
5	2	1	3	4	9	6	8	7
4	8	9	7	5	6	2	1	3
6	3	7	1	8	2	4	5	9

Puzzle 86

7	3	2	8	6	9	1	5	4
8	5	4	2	3	1	9	7	6
6	9	1	5	4	7	2	3	8
2	1	8	9	7	5	4	6	3
3	7	5	4	1	6	8	2	9
4	6	9	3	8	2	7	1	5
9	4	6	7	2	3	5	8	1
5	2	3	1	9	8	6	4	7
1	8	7	6	5	4	3	9	2

Puzzle 87

8	7	9	1	4	6	2	5	3
1	4	2	7	3	5	9	6	8
5	6	3	8	9	2	1	4	7
2	8	6	3	1	9	4	7	5
4	3	5	6	2	7	8	1	9
9	1	7	5	8	4	6	3	2
3	5	1	9	6	8	7	2	4
6	9	4	2	7	3	5	8	1
7	2	8	4	5	1	3	9	6

Puzzle 88

1	2	6	9	5	3	8	4	7
4	9	5	8	6	7	3	1	2
7	8	3	2	1	4	9	5	6
5	4	2	7	8	1	6	3	9
8	1	7	6	3	9	4	2	5
6	3	9	4	2	5	1	7	8
2	6	4	3	7	8	5	9	1
9	7	1	5	4	6	2	8	3
3	5	8	1	9	2	7	6	4

Puzzle 89

2	7	5	3	4	6	1	9	8
1	3	8	7	9	5	2	6	4
4	6	9	8	2	1	5	3	7
8	2	3	4	5	9	6	7	1
6	1	4	2	3	7	8	5	9
5	9	7	6	1	8	4	2	3
9	5	6	1	7	4	3	8	2
7	4	2	5	8	3	9	1	6
3	8	1	9	6	2	7	4	5

Puzzle 90

4	9	5	7	1	2	8	3	6
2	7	3	8	4	6	1	9	5
6	8	1	3	5	9	4	2	7
9	2	6	5	7	8	3	1	4
7	5	4	9	3	1	2	6	8
1	3	8	6	2	4	7	5	9
3	6	2	4	8	5	9	7	1
8	1	9	2	6	7	5	4	3
5	4	7	1	9	3	6	8	2

Puzzle 91

7	5	4	2	1	8	9	3	6
1	6	2	7	3	9	8	4	5
8	3	9	6	4	5	2	7	1
3	8	1	9	6	4	5	2	7
5	4	7	1	2	3	6	8	9
9	2	6	5	8	7	3	1	4
4	7	8	3	5	6	1	9	2
6	1	3	4	9	2	7	5	8
2	9	5	8	7	1	4	6	3

Puzzle 92

5	3	6	1	8	4	7	9	2
2	8	4	5	9	7	1	3	6
9	1	7	6	3	2	4	8	5
7	4	5	9	6	1	8	2	3
3	9	2	4	7	8	5	6	1
1	6	8	3	2	5	9	7	4
6	5	9	8	1	3	2	4	7
8	2	1	7	4	6	3	5	9
4	7	3	2	5	9	6	1	8

Puzzle 93

5	3	9	6	7	2	8	4	1
7	4	8	5	9	1	6	2	3
2	1	6	8	3	4	5	7	9
4	2	3	1	6	9	7	5	8
9	8	1	7	2	5	4	3	6
6	7	5	4	8	3	9	1	2
1	5	2	9	4	8	3	6	7
8	6	4	3	1	7	2	9	5
3	9	7	2	5	6	1	8	4

Puzzle 94

7	2	9	4	6	1	8	3	5
4	3	8	2	7	5	1	6	9
6	1	5	3	9	8	4	7	2
3	4	2	7	1	6	5	9	8
8	5	7	9	2	3	6	4	1
9	6	1	8	5	4	7	2	3
1	7	6	5	3	9	2	8	4
5	8	3	6	4	2	9	1	7
2	9	4	1	8	7	3	5	6

Puzzle 95

4	7	5	3	8	2	9	1	6
8	9	3	7	1	6	4	2	5
6	1	2	5	4	9	7	8	3
2	5	8	6	7	1	3	4	9
1	4	9	8	5	3	2	6	7
7	3	6	9	2	4	1	5	8
9	8	4	2	3	5	6	7	1
5	6	1	4	9	7	8	3	2
3	2	7	1	6	8	5	9	4

Puzzle 96

4	3	2	1	9	8	7	5	6
1	9	5	3	6	7	2	8	4
7	8	6	2	4	5	9	3	1
6	1	3	7	8	2	5	4	9
9	4	8	6	5	3	1	2	7
2	5	7	9	1	4	8	6	3
3	7	1	8	2	6	4	9	5
8	6	4	5	7	9	3	1	2
5	2	9	4	3	1	6	7	8

Puzzle 97

9	3	5	2	6	4	8	1	7
8	4	1	7	5	3	2	6	9
7	2	6	9	1	8	3	4	5
1	5	2	8	7	6	4	9	3
3	7	9	5	4	2	6	8	1
6	8	4	1	3	9	5	7	2
2	1	3	6	8	7	9	5	4
4	6	7	3	9	5	1	2	8
5	9	8	4	2	1	7	3	6

Puzzle 98

5	6	8	9	4	1	3	2	7
4	2	1	6	7	3	5	8	9
7	3	9	2	5	8	6	1	4
2	1	4	3	6	7	8	9	5
8	7	3	4	9	5	1	6	2
6	9	5	8	1	2	7	4	3
9	4	7	5	8	6	2	3	1
1	8	2	7	3	9	4	5	6
3	5	6	1	2	4	9	7	8

Puzzle 99

8	7	3	1	2	4	6	9	5
4	5	1	3	6	9	8	7	2
9	6	2	7	5	8	4	3	1
1	3	8	2	7	5	9	6	4
5	9	7	6	4	1	3	2	8
2	4	6	9	8	3	5	1	7
3	2	5	4	9	7	1	8	6
6	1	4	8	3	2	7	5	9
7	8	9	5	1	6	2	4	3

Puzzle 100

4	1	6	9	7	5	8	2	3
5	8	2	4	6	3	1	9	7
9	3	7	2	1	8	4	6	5
2	6	1	7	3	4	9	5	8
7	5	4	8	2	9	3	1	6
8	9	3	1	5	6	2	7	4
1	2	8	5	4	7	6	3	9
6	7	9	3	8	1	5	4	2
3	4	5	6	9	2	7	8	1